FEMMES CÉLEBRES

DE TOUTES LES NATIONS,

AVEC LEURS PORTRAITS:

Ouvrage présenté au ROI, à la REINE &
à la Famille Royale.

Non ! Promethée aux Cieux n'a pas ravi la flame,
Sans doute il la puisa dans les yeux d'une Femme.

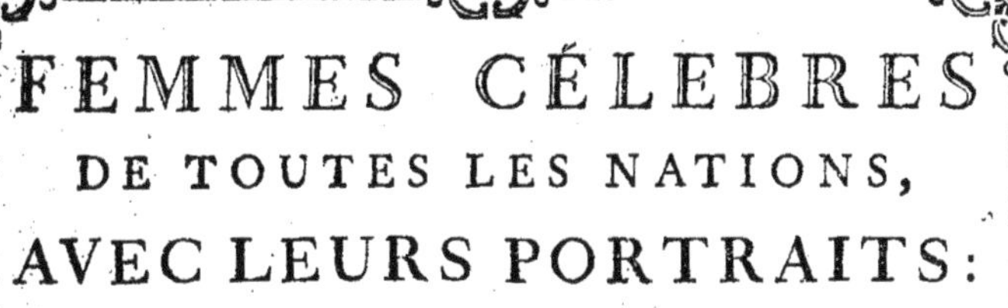

*XVI*e LIVRAISON.

Prix 3 livres, & 4 liv. colorié pour MM. les Souscripteurs ;
(& 4 liv. & 5 liv. par Numéro sans souscrire.)

A PARIS,

Chez { M. TERNISIEN D'HAUDRICOURT, Auteur de cet
Ouvrage, rue Saint-Honoré, vis-à-vis celle de Grenelle.
Et GATTEY, Libraire, au Palais-Royal, N°. 14.

M. DCC. LXXXVIII.
Avec Approbation & Privilége du Roi.

BLANCHE DE CASTILLE

GALERIE
UNIVERSELLE.

BLANCHE DE CASTILLE.

Blanche de Castille, femme de Louis VIII, dit le *Lion*, étoit petite-fille d'Eléonor de Guienne & d'Henri II, Roi d'Angleterre, nièce de Henri au Court-Martel, de Richard Cœur-de-Lion, & de Jean Sans-Terre, succefleurs d'Henri II, & fille d'Alphonse VIII, ou XI, suivant les Espagnols, Roi de Castille, & d'Eléonor d'Angleterre. Elle naquit vers l'an 1185, & étoit âgée de quatorze ans, lorsque son mariage fut conclu. Ce fut, comme on l'a dit, Eléonor de Guienne son aïeule, Reine d'Angleterre,

A

& alors veuve de Henri II, qui fut chargée d'en faire la demande au Roi Alphonfe, & qui l'amena en France. Le mariage fut célébré le 23 Mai 1200, à Purmor en Normandie. Blanche étoit une beauté, auffi-bien que fon aïeule, & l'éclat de fon teint lui fit donner ce nom, ou celui de *Candide ;* mais elle étoit bien plus eftimable qu'Eléonor du côté de l'efprit & du caractere. Avec tous les appas du fexe, elle avoit les qualités d'un grand homme. Ferme dans le danger, fertile en reffources, elle humilia, ou par fa prudence, ou par fon courage, tous ceux qui fe déclarerent fes ennemis, ou ceux de l'Etat. De tous les reproches que l'on a faits à cette Princeffe, il n'y en a point de mieux fondé que la paffion de dominer, qu'elle pouffa trop loin. Encore peut-on dire que fi fon ambition l'empêcha quelquefois d'être auffi circonfpecte & auffi jufte qu'elle eût dû l'être, elle la rendit excufable par les talens & la capacité qu'elle fit voir dans le gouvernement, & cela dans des temps très-difficiles. Son mariage, qui fut une des conditions de la paix conclue entre Philippe-Augufte & Jean Sans-Terre, donna à tous les François, fatigués des longs différends des deux Rois, une véritable joie. L'arrivée de la Princeffe ne fit que l'augmenter. L'humeur égale & douce de Louis VIII, & la fécondité de Blanche, furent des motifs qui dûrent rendre les époux heureux.

Depuis la mort de Hugues-Capet, on n'avoit point vu de Rois fans chagrins domeftiques : & ce malheur avoit fouvent fait celui de l'Etat auffi-bien que des époux. Rome feule y avoit gagné, en prenant occafion d'étendre fon pouvoir & fa jurifdiction au-delà des bornes légitimes. Il paroît que Louis VIII fut en cela plus heureux que fes aïeux, & que Philippe-Augufte fon pere. A la mort de ce dernier, arrivée en 1223, le Prince fon fils avoit déjà affuré le fort de la Maifon Royale par une nombreufe poftérité ; & quoique Louis n'ait été Roi que pendant trois ans, depuis le 14 Juillet 1223, jufqu'au 8 Novembre 1226, il laiffa cinq Princes outre fon fucceffeur. Les époux furent facrés & couronnés à Reims le jour de la transfiguration de l'an 1223 ; Philippe - Augufte n'ayant pas jugé à propos que cette cérémonie fe fît pendant fa vie, foit qu'il crût fon autorité affez bien établie pour n'avoir pas befoin de prendre la même précaution que fes prédéceffeurs de la branche des Capets, foit que la jaloufie d'autorité s'en mêlât. La fête fut une des plus folemnelles, & Blanche fut couronnée

le même jour que fon époux par Guillaume de Joinville, Archevêque de Reims, oncle de l'Hiftorien,
en préfence de Jean de Brienne, Roi de Jérufalem,
des Princes & des Grands, & d'un concours de peuple
extraordinaire. Les chofes fe pafferent avec tant d'ordre
& de pompe, que l'on prétend que le Roi fit rédi-
ger par écrit tout ce qui s'y étoit obfervé, pour fervir
de règle à l'avenir.

Tant que régna Philippe - Augufte, ni le Prince
fon fils, ni Blanche, n'eurent, à ce qu'il paroît,
aucune part au Gouvernement : & elle ne brilla fous
ce règne que par les qualités d'une Princeffe dont
on admiroit l'efprit & la beauté.

Louis VIII, élevé fur le trône le 25 Juillet 1223,
& mort à Montpenfier en 1226, n'y refta pas affez
long-temps pour faire voir la confiance qu'il eût pu
avoir dans les talens de la Reine. Il s'étoit embarqué
affez mal-à-propos, & par les brigues du Pape &
du Clergé, dans la guerre des Albigeois, au lieu de
chaffer entièrement les Anglois de France, comme
il eût dû le faire. Blanche ne l'avoit pas fuivi, &
étoit reftée à Paris. On peut regarder fon féjour dans
le cœur de l'Etat comme une efpèce de régence. Parmi
les Seigneurs qui avoient accompagné le Roi, étoit

le fameux Thibaut, Comte de Champagne. Suivant
la loi des grands fiefs, Thibaut, après les quarante
jours de fervice qu'il devoit au Roi, demanda fon
congé. Louis, qui connoiſſoit l'efprit remuant &
brouillon du Champenois, & qui en avoit befoin
pour le fuccès de la prife d'Avignon, dont il n'avoit
pas voulu lever le fiége, le lui refufa; mais cela n'empêcha pas le Comte de partir. Une pareille défobéif-
fance ne pouvoit qu'irriter le Roi. Il jura qu'il s'en
vengeroit, & puniroit Thibaut ; mais la menace fut
fans effet, le Roi étant mort de dyſſenterie peu de
temps après. Les moindres circonſtances ont toujours
fervi de motif pour attribuer la mort des Monarques à
des caufes étrangeres au cours de la Nature. On prétendit que la mort de Louis étoit l'effet du poifon
que Thibaut avoit fait donner au Roi. Pour appuyer
cette opinion, on difoit que le Comte s'étoit déterminé à ce crime par raifon d'intérêt, & pour prévenir
des menaces que Louis avoit faites après le départ de
Thibaut du camp d'Avignon malgré fes ordres, &
l'on ajoutoit qu'en mettant fa fortune à couvert, il
prétendoit encore fe débarraſſer d'un rival. Le Comte,
dit-on, étoit devenu éperdument amoureux de la
Reine; & s'il étoit retourné précipitamment à Paris,

ce n'étoit que pour revoir cette Princeſſe, de laquelle il ne pouvoir plus long-temps ſupporter l'éloignement. Ou l'anecdote eſt entièrement fauſſe, ou le Roi n'eut pas le moindre ſoupçon, ou enfin il étoit intimement perſuadé de l'innocence de la Reine, puiſqu'il la déclara de bouche tutrice de Louis, ſon fils aîné & ſon ſucceſſeur, & Régente du Royaume. Comme nous ne faiſons pas ici une diſſertation, & que nous nous contentons de ſoutenir, autant qu'il eſt poſſible, le caractere d'Hiſtorien, nous laiſſons au Lecteur à porter ſon jugement d'après les faits dont la certitude n'eſt pas combattue, & deſquels le ſtyle d'apologiſte ou d'accuſateur dérangeroit l'ordre. Cependant nous nous croyons obligés d'obſerver que le tempérament du Roi étoit naturellement délicat; que le ſéjour qu'il avoit fait dans les provinces méridionales, en Provence & dans le Languedoc, avoit pu contribuer à l'affoiblir, & que ſans chercher ailleurs les cauſes de la dyſſenterie dont il mourut, on peut fort bien les trouver dans les fatigues qu'il eſſuya au ſiége d'Avignon, & dans la peſte qui ſe mit dans ſon armée, & l'air contagieux que le Prince y reſpira. Diſons encore que le portrait que l'hiſtoire fait du Comte de Champagne, n'eſt point celui d'un ſcélérat capable d'attenter à la vie de son Souverain , & par une voie aussi horrible que l'est celle du poison. Thibaut étoit à l'égard du corps d'une taille haute & bien proportionnée, adroit à tous les exercices du temps. Il avoit, avec l'ambition , la fierté & l'esprit remuant de ses aïeux , leur libéralité & leur magnificence. Son caractère étoit vif, inconstant, étourdi : ses entreprises, presque toutes destituées de prudence , étoient aussi presque toutes sans succès ; son esprit naturellement doux & enjoué , étoit poli par l'étude & l'amour de la poésie, dans laquelle on peut le regarder comme un de nos premiers maîtres dans l'ordre des temps. Avec ces qualités, il ne seroit pas extraordinaire qu'un grand Prince fût devenu amoureux d'une Princesse parfaitement belle , & d'un génie aussi délicat que Blanche de Castille. Il se pourroit même fort bien faire qu'elle n'eût pas été insensible aux marques de sa passion ; mais comme il n'est pas raisonnable de prendre des soupçons pour des faits , ni l'apparence pour la réalité , nous n'affirmerons rien, où le doute est au moins légitime. Après la mort de Louis VIII, la Reine sa veuve employa tous les moyens que la politique la plus rafinée pouvoit lui suggérer , pour s'assurer de la Régence , & de l'autorité souveraine

que ce titre & celui de tutrice de son fils lui devoient donner. Elle se fit un conseil des Seigneurs les plus considérables & les plus attachés à sa personne. Ce furent en particulier Pierre de Dreux, Prince, ou, comme on disoit alors, *Seigneur du Sang;* Mathieu de Montmorenci, Connétable de France, & Romain Bonaventure, Cardinal de Saint-Ange, Légat du Pape en France. Parmi les différentes dispositions du testament de Louis VIII du mois de Juin 1226, il n'y en avoit point qui attribuassent la régence à la Reine. Il est vrai que les Evêques qui s'étoient trouvés à la mort de Louis, attesterent de vive voix & par écrit, que le Roi, dans ses derniers momens, l'avoit nommée Régente, & lui avoit recommandé l'éducation de ses enfans. Mais ce témoignage étoit-il suffisant ? Blanche en doutoit sans doute elle-même. Le droit des régences ne paroissoit encore rien moins que certain dans les veuves des Rois ; c'étoit plutôt un pouvoir précaire que fondé sur les loix de l'Etat. S'il y en avoit des exemples dans la première & dans la seconde race, il n'y en avoit point dans la troisième. Blanche étoit étrangère ; & les Grands que Philippe-Auguste avoit réduits à la condition de vrais sujets, par une conduite vigoureuse & soutenue, ne cher-
choient

choient qu'à se venger sous un Roi âgé de onze ans
à la mort de son père, & dont la majorité étoit encore fort éloignée. La première démarche que fit la
Reine-mère, fut d'assembler autant de troupes qu'il
lui fut possible, & de conduire son fils à Reims, pour
l'y faire sacrer. Le siége étoit vacant; la cérémonie
du sacre se fit le premier Décembre 1226, par Jac-
ques de Bazoches, Evêque de Soissons, Doyen des
Evêques de la Province. Tous les Seigneurs du Royaume
avoient été invités, mais la plupart refusèrent de s'y
trouver. Le Comte de Champagne fut un des principaux mécontens; il ne pouvoit voir qu'avec chagrin que la Reine ne l'eût pas honoré d'une confiance
plus particulière, soit qu'il prît la chose du côté du
cœur, ou du côté du rang qu'il tenoit par sa naissance,
& ses grands établissemens en France. Philippe, Comte
de Boulogne, fils naturel de Philippe-Auguste, prétendoit à la régence, & regardoit comme un affront
qu'elle eût été déférée *à une Espagnole d'étrange pays*.
Pierre de Bretagne, & son frère Robert, Comte
d'Evreux, ne voyoient pas non plus tranquillement
qu'on ne leur fît aucune part de l'administration des
affaires. Ces Seigneurs en engagèrent d'autres dans
leur parti, tels que Enguerrand de Coucy, Henri de

B

Bar , beau - frère du Duc de Bretagne ; Hugues de Luſignan , Comte de la Marche , & Hugues de Châtillon , Comte de Saint-Pol. Il ſe fit entre eux une ligue contre la Reine-mère, auſſi formidable que le fut depuis celle qui ſe forma ſous le nom de *bien public* , contre Louis XI. Blanche en vint à bout avec encore plus d'art & d'habileté que ce Prince , qu'on regarde comme le politique le plus intelligent de ſon ſiècle. Dans le temps qu'elle employoit la voie de la négociation auprès de chacun des conjurés en particulier, elle avoit recours à celle des armes , & de l'autorité ſouveraine. Les demandes des Seigneurs étoient, *que la Reine, comme étrangère , donnât caution de l'adminiſtration de la tutelle du Roi ſon fils ; qu'on rendît aux Grands les biens qui avoient été confiſqués ſous les deux derniers règnes ; qu'on briſât les fers des priſonniers d'Etat, ſuivant l'ancien uſage à l'avènement des Rois ; & en particulier que Ferrand, Comte de Flandre, & Regnaud de Boulogne , fuſſent élargis.* On étoit encore au milieu de l'hiver ; cependant la Régente marcha avec le jeune Roi, ſoutenue d'un bon corps de troupes, du côté de la Bretagne, où étoit, pour ainſi dire, le foyer de la conſpiration. Les deux frères, le Duc de Bretagne & le Comte d'Evreux, n'étoient pas affez forts pour réfifter à une armée royale ; & ils avoient tout à craindre de leur trahifon, qui, fous le nom de *félonie*, qu'on emploie encore en matière féodale, ne pouvoit manquer d'occafionner *la commife*, ou la perte de leurs terres. Ainfi, après *le défi du Roi*, fait dans la forme ufitée, c'eft-à-dire, après la déclaration de guerre ouverte, les ligués fe prêtèrent aux voies de conciliation. Le Comte de Champagne s'en rendit le médiateur. Etoit-il gagné par la Reine-mère, même dès le commencement de la ligue? Etoit-ce de fon propre mouvement, ou pour fe rendre d'autant plus confidérable? Ou agiffoit-il de concert avec les conjurés? C'eft ce qu'il n'eft pas aifé de décider. Au rapport de Joinville, fes démarches ne tendoient qu'au bien de la ligue, qui n'étoit pas encore affez forte pour fe défendre. D'après le caractère du Champenois, on pourroit attribuer fa négociation à fa vanité ; & ce qui fe paffa depuis, donne lieu de croire qu'il étoit fourdement royalifte, & dans le parti de la Régente. Il amena les chofes aux termes qu'il avoit propofés ; & il fut réfolu que les conjurés *feroient mandés pour comparoir devant le Roi qui les entendroit par eux-mêmes.* Le parti fut accepté, & le Roi ou la Régente leur affigna heure, jour & lieu à

Chinon en Touraine. Pour faire voir auffi quelque complaifance de fa part, la Régente fatisfit à quel-ques-unes des demandes que lui avoient faites les li-gués. Plufieurs Seigneurs furent rétablis dans leurs biens ; & fur le *chef de la régence*, on fit déclarer au Roi *qu'il vouloit gouverner par lui-même*. Ce détour étoit trop vifible pour en impofer. Louis n'avoit que treize ans ; & tout le monde reconnut qu'en fuppri-mant le nom de Régence, Blanche n'en prétendoit pas moins conferver tout le pouvoir. Ainfi les efprits des Princes demeurèrent dans les mêmes difpofitions. Ils ne comparurent point à l'affignation de Chinon, ni à une autre qui fut indiquée à Tours, & il en fut donné une troifième à Vendôme. Le Roi partit même de Paris pour s'y trouver. Blanche pouvoit aifément re-connoître à la conduite des Grands, qui ne fe fépa-roient point, qu'ils exigeoient un facrifice entier de fon autorité, & elle étoit bien éloignée d'en venir à un pareil terme. Elle employa tout auprès du Comte de Champagne pour le féparer tout-à-fait d'avec les ligués ; & lui fit entrevoir par fes lettres & fes émif-faires, qu'il n'auroit qu'à fe louer d'elle, s'il fe décla-roit pour la Cour. Dans le temps que Blanche cherchoit à détacher le Champenois de la ligue, il fe formoit de ce côté un orage violent contre la Régente. Le Duc de Bretagne & le Comte d'Evreux son frère, avoient pris une résolution qui ne pouvoit pas manquer de la perdre, si le projet eût réussi. Instruits du départ du Roi pour Vendôme, ils postèrent un corps de troupes à Chartres sur son passage, à dessein de l'enlever & de se rendre maîtres de sa personne. Le Comte de Champagne, ou piqué de ce que l'entreprise ne lui avoit peut-être pas été communiquée, ou déterminé par les belles propositions de la Régente, lui rendit un service signalé, en lui donnant avis du piége qu'on lui tendoit. Le Roi étoit mal accompagné, & l'avis trop important pour passer outre. Ce n'étoit pas non plus un parti sûr, que celui de revenir sur ses pas, parce que les ligués étoient rassemblés à Corbeil. Le Roi s'arrêta à Montlhéri ; & la Reine-mère fit aussi-tôt savoir aux Parisiens le danger où étoit le Roi son fils. Leur zèle a toujours brûlé pour leurs maîtres. Il éclata : ils s'assemblèrent presqu'en un clin d'œil, & formèrent un corps considérable qui alla droit à Montlhéri, bien armé, & bien résolu de tirer Louis du péril où il étoit. Ils épouvantèrent les ligués qui disparurent au bruit de leur marche, & le Roi fut conduit en triomphe & au milieu des acclamations des Parifiens dans la capitale. Je lui ai entendu dire plufieurs fois, dit Joinville, *que depuis Montlhéri jufqu'à Paris, les chemins étoient remplis d'une multitude innombrable de peuple foutenue des deux côtés d'une file de Gendarmes, & que tous crioient à haute voix, que Dieu fauvât leur Roi, & confondît fes ennemis.* Ce grand Prince avoit l'ame trop belle, pour perdre jamais le fouvenir d'un témoignage de tendreffe fi touchant pour fon cœur : Blanche ne dut pas y être moins fenfible. Avec le zèle & l'affection des peuples, que n'étoit-elle pas en état d'entreprendre & d'exécuter ? Les ligués confondus & défefpérés, tournèrent toute leur fureur contre le Comte de Champagne, qu'ils accusèrent d'une infâme défertion du parti. Ils jettèrent feu & flamme contre lui, & ne le menacèrent de rien moins que de le dépouiller de fon Comté. Non-feulement Thibaut étoit accufé par les Princes d'avoir donné avis de leurs démarches ; mais on prétendoit que fous prétexte d'enlever la fuite du Roi, il avoit joint fes troupes à celles qu'il avoit feint d'attaquer. Si l'on déclama contre le Comte, il faut penfer que la réputation de la Reine ne fut pas épargnée. Mais après avoir jetté leur premier feu, les Princes convinrent que Thibaut

leur étoit pourtant abfolument néceffaire. Son inconf-
tance, qui l'avoit éloigné d'eux, pouvoit le rappro-
cher ; au moins s'ils ne réuffiffoient pas à le regagner,
ils fe flattoient de le rendre fufpect.

Le Duc de Bretagne, qui étoit devenu le chef de
la ligue, lui fit propofer fa fille Ifabelle en mariage,
ou pour lui, ou pour un Prince de fa maifon. Ifabelle étoit jeune, belle & parfaitement bien faite.
Thibaut prêta l'oreille, & fe rendit même à la pro-
pofition. Le jour fut pris pour la célébration du mariage, qui devoit fe faire au monaftère de Val-Secret,
aux environs de Château-Thierry. La Régente n'en
fut avertie que par les préparatifs de la fête. Elle dé-
pêcha auffi-tôt au Champenois le Seigneur de la Cha-
pelle, grand Pannetier de France, avec une lettre
conçue en ces termes :

« Sire Thibaut de Champagne, j'ai entendu que
» vous avez convenance, & promis prendre à femme
» la fille du Comte Pierre de Bretagne. Pourtant vous
» mande que *fi chier que vous avez tout tant qu'aimez*
» au royaume de France que ne le faciez pas. La
» raifon pourquoi, vous favez bien. Je jaimois n'ai
» trouvé pis que mal m'ait voulu faire que lui ».

Le Comte ayant reçu cette lettre en chemin, y

déféra avec une docilité furprenante, changea auffi-tôt de réfolution , & retourna à Château-Thierry. Ceux qui font Thibaut amoureux de Blanche, ne manquent pas d'attribuer fon obéiffance, en cette occafion , à fon amour pour la Régente , aux efpérances que lui donna le facrifice qu'il faifoit, & à toutes les autres idées flatteufes & galantes d'un Prince aveuglé par une paffion à laquelle il fe livre fans réferve. Et il faut convenir que de toutes les preuves de cet amour, celle-ci eft peut-être une des plus recevables. Si la défertion du Champenois étoit injurieufe à la ligue, fon procédé avec le Duc de Bretagne étoit un affront, & pour le Duc, & pour la Princeffe fa fille. La ligue fufpendit donc l'effet de fes projets contre la Régente, pour fe venger de Thibaut, dont les liaifons avec la Reine, qui vouloit le conferver à quelque prix que ce pût être, devinrent plus intimes que jamais. Elles n'échappèrent pas à la maligne jaloufie des gens de Cour , qui cherchèrent à chagriner la vanité qu'en pouvoit tirer le Comte , tandis que les ligués de leur côté prenoient toutes les mefures néceffaires pour le perdre , & le dépouiller de la Champagne. Mais la Régente réduifit encore une fois les chofes au pied de la négociation. Le trouble croiffoit , & il étoit important

portant de ne pas donner de nourriture à un feu qui
pouvoit devenir un incendie. La foi du Comte de
Champagne étoit douteufe, ainfi que celle des Grands,
même de ceux qui avoient pris le parti de la Régente. Non-feulement le mécontentement fubfiftoit
contre la Reine-mère; mais elle y avoit donné une
nouvelle matière par le crédit étonnant qu'avoit le
Cardinal-légat, qui étoit devenu l'ame de la régence,
& le premier Miniftre. Une Efpagnole & un Prêtre
Italien, difoit-on publiquement, difpofent de la
France, & gouvernent les François; que doit - on
attendre d'une pareille adminiftration?

Cette feule idée indifpofoit les peuples auffi-bien
que les Grands, qui y ajoutoient les bruits les plus
défavantageux contre l'honneur de la Reine, & fa
conduite avec le Légat. Blanche pouvoit méprifer ces
bruits, s'ils euffent été fans conféquence. Ceux qui
font chargés du Gouvernement, font expofés à ces
fortes d'événemens. Mais elle voyoit l'Angleterre
prête à prendre parti dans la querelle. Le Comte de
Touloufe s'étoit rétabli dans les places dont Louis VIII
l'avoit chaffé. Elle chercha donc à s'accommoder avec
tous fes ennemis du dehors & du dedans, & en vint
à bout. Elle confirma en 1227 l'alliance qui fubfif-

C

toit avec l'Empereur Frédéric II ; fit une trève d'un an avec l'Angleterre ; s'assura plus que jamais du Comte de Champagne ; traita avec le Duc de Bretagne , dont la fille même fut accordée avec le Prince Jean , l'un des frères du Roi , & remise au Roi , avec des ôtages & des sûretés pour l'exécution du traité qui fut fait à Paris au mois d'Octobre de la même année 1227. Henri , Archevêque de Reims ; Philippe , Comte de Boulogne ; Robert , Comte de Dreux ; Enguerrand de Coucy ; & Mathieu de Montmorency , Connétable de France , y stipulent pour le Roi & la Reine-mère , & s'y obligent à garder la fille du Duc de Bretagne (Yolande ou Isabelle de Bretagne) jusqu'au mariage de la Princesse avec le Prince Jean , ou , en cas de mort du Prince avant l'âge de quatorze ans , avec tel autre des fils de la Reine qu'il plairoit au Roi.

Il s'ensuit de cet acte , que tous les Seigneurs qui s'y obligent , étoient réconciliés avec la Reine. Elle se servit de cet interstice de tranquillité pour soumettre le Comte de Toulouse , qu'Imbert de Beaujeu réduisit en peu de temps à venir demander grace au jeune Roi. Il fut traité avec une rigueur extraordinaire , & dépouillé de ses terres , qui ne furent accordées à la Princesse Jeanne sa fille , qu'à condition qu'elle épouferoit Alphonfe, l'un des frères de Saint Louis, & en cas de décès de la future fans enfans, que ces terres retourneroient au Roi de France. Le Légat, qui préfida au traité ébauché à Meaux, & conclu à Paris, ne manqua pas d'y foutenir ce qu'on appelloit alors *l'honneur de la religion*, en obligeant le Comte de faire une recherche févere des hérétiques Albigeois à fes dépens. Ce Prince, qui étoit excommunié, comme protecteur de l'héréfie, ne fut lui-même ab-fous qu'en fe préfentant à la porte de Notre - Dame de Paris, en chemife, nuds pieds, & la corde au cou; le jour du Vendredi - Saint de l'an 1228. Quelque temps après, il fut renvoyé en Languedoc, & y alla accompagné du Légat Romain, qui y établit ce tri-bunal de feu & de fang, qui, fous le nom d'Inqui-fition, y occafionna encore bien des troubles & des maffacres; inévitables fuites de l'affreux fyftême de contrainte & de violence que les partifans de Rome vouloient établir.

On peut regarder ce traité comme le chef-d'œuvre de la régence de Blanche ; & on ne conçoit pas que Raymond, Comte de Touloufe, ait pu s'affujettir aux claufes qu'il contient, dont une feule eût pu fatis-faire la Régente. Mais il paroît qu'il eft dû autant à la simplicité du Comte, timide, scrupuleux, petit génie, & abandonné de conseil, qu'à la politique de la Reine & du Légat son Ministre. La jalousie des Grands & leurs mécontentemens n'étoient encore que des maux palliés. Peut-être la conduite qu'on venoit de tenir avec le Comte de Touloufe, ne servit-elle qu'à les alarmer & à rallumer ce feu assoupi. Qu'avoient-ils à espérer d'un Gouvernement qui traitoit avec une rigueur inouie un des plus grands Seigneurs? Ils reprirent les armes sur la fin de l'année 1228; mais ils ne les dirigèrent que contre le Comte de Champagne, auquel ils ne pouvoient pardonner ni le crédit apparent qu'il avoit à la Cour, ni son inconstance & ses procédés avec eux. Comme ils prétendoient, par l'abus des maximes féodales du temps, qu'ils pouvoient attaquer le Champenois, sans manquer à la fidélité qu'ils devoient au Roi, ils attirèrent dans leur parti ceux mêmes qui avoient toujours été liés avec la Cour; Robert, Comte de Dreux; Philippe, Comte de Boulogne, oncle du Roi, qu'ils flattèrent d'élever sur le trône de son neveu; le Duc de Bourgogne, & quelques autres. Ils firent venir Alix, Reine de Chypre, nièce de Thibaut, & fille de Henri son frère aîné, à laquelle ils prétendoient qu'appartenoit le comté de

Champagne, comme héritière de Henri son père, au préjudice de Thibaut, qui n’étoit que frère du défunt ; ce qui n’eût pas souffert de difficulté, si la légitimité de la naissance d’Alix n’eût pas été contestée. De Henri I, dit le Large, & de Marie de France, fille aînée de Louis le Jeune, & d’Eléonore de Guienne, étoient nés entre autres enfans, Henri II, dit le Jeune, & Thibaut V du nom, père de Thibaut VI. Henri épousa une Ermanson ou Ermansette de Namur, de laquelle il n’eut point d’enfans. Il partit ensuite pour la Palestine, où il mourut. Pendant son séjour en Terre-Sainte, il y épousa Isabeau, Reine de Jérusalem & de Chypre, fille du Roi Amaury, de laquelle il eut deux filles ; Alix, Reine de Chypre, de laquelle il s’agit, femme de Hugues de Lusignan, & Philippe de Champagne, femme d’Erad de Brienne. Mais la validité du mariage de Henri le Jeune fut contestée, parce qu’on prétendoit qu’un Homfroy de Toron, mari d’Isabeau de Chypre, étoit vivant, & qu’elle n’avoit pu passer ni en secondes noces avec Conrad, Marquis de Montferrat, qui l’avoit ravie à son premier mari, ni en troisièmes avec le Comte de Champagne ; tel étoit le fonds de la contestation.

Pour rendre les droits de la Reine de Chypre plus

favorables, ils accufoient Thibaut fon oncle, non-
feulement d’ufurpation, mais de trahifon, & d’avoir
empoifonné Louis VIII. Son crédit auprès de la Reine-
mère donnoit lieu à des murmures, qui n’étoient pas
plus honorables à cette Princeffe. Ils lui reprochoient
hautement d’avoir vendu lâchement la vie de fon
époux à un empoifonneur. Philippe de Boulogne offrit
même de convaincre le Champenois de poifon par
le duel. Ces reproches firent un tort infini au Comte ;
l’offre du duel, qu’il n’accepta pas, tint lieu de con-
viction ; & il devint tellement odieux aux François
& même à fes vaffaux, qu’ils l’abandonnèrent, & fe
réunirent contre lui avec fes ennemis. Accablé de tous
côtés, Thibaut eut recours à la Reine. La caufe du
Comte devenoit la fienne par la qualité & la nature
de l’accufation. Elle fit marcher le jeune Roi à fon
fecours ; & néanmoins ordonna aux Princes ligués de
fe préfenter en la Cour du Roi, s’ils avoient quelques
demandes à faire.

Quelques Auteurs, (& Mézerai dans fon Abrégé
chronologique, adopte leur opinion) ont prétendu
que les ligués, fans égard aux ordres du Roi & à
ceux de la Régente, agirent alors comme s’il n’y
eût ni Roi, ni régence ; & qu’ils élurent pour Roi

le Seigneur de Coucy, dont la fageſſe & l'équité
étoient en grande vénération parmi eux ; que la Régente ſe ſervit adroitement de cette élévation pour
détacher de leurs intérêts le Comte de Boulogne,
qu'ils avoient flatté du trône. Mais le ſilence des
meilleurs Auteurs du temps même, tels que Joinville
& quelques autres, me paroît un préjugé ſuffiſant
contre cette prétendue élection.

Un Auteur, qui a écrit ſur de fort bons mémoires,
dit ſeulement que les ligués firent à la Régente une
réponſe inſolente, en diſant : *Qu'ils avoient pris les
armes pour ſe faire juſtice eux-mêmes, & non pas pour
l'attendre d'une femme qui ſe déclaroit la protectrice du
meurtrier de ſon mari.*

Toute l'adreſſe de Blanche & du Légat ne purent
détourner l'influence des humeurs agitées de la ligue.
Le Duc de Bretagne engagea le Roi d'Angleterre
à paſſer la mer : il deſcendit en Bretagne ; mais ayant
vu que Louis, guidé par la Régente, avoit déja pris
Belleſme au Perche ſur ſes ennemis, il quitta la partie ;
& le Duc chercha à ſe ménager un troiſième accommodement. La priſe du château de Belleſme étoit un
coup décisif ; & Blanche s'y fit beaucoup de réputation. La place paſſoit alors pour imprenable, par l'é-

paiſſeur de ſes murs , & la tour qui défendoit le fort.
La ſaiſon étoit un autre obſtacle ; on étoit au plus
fort d'un hiver extrêmement rude. La rigueur du froid
faiſoit périr les hommes & les chevaux même. Blanche
ne ſe rebuta point. Elle étoit en perſonne au ſiége,
marchoit aux côtés du Roi ſon fils , animoit le ſoldat,
flattoit l'officier , & leur remontroit quelle honte ce
leur ſeroit , ſi, le Roi à leur tête, ils étoient réduits
à lever le ſiége , & à fuir devant un ſujet déſobéiſſant.
Pour mieux mettre l'armée à couvert du froid, elle
fit couper une quantité prodigieuſe d'arbres, fruitiers
ou non; & on fit dans le camp du Roi de ſi grands
feux, & en ſi grande quantité , que le ſoldat n'eut
plus à ſe plaindre. Deux aſſauts violents ſe donnèrent
au corps de la place ; & avec deux pierriers les toîts
du fort furent briſés, & les cailloux y pleuvoient,
par l'effort de ces deux machines, en ſi grande quantité, que les aſſiégés n'étoient en ſûreté nulle part.
La ruine acheva la conquête; la groſſe tour fut abat-
tue , & les Bretons qui défendoient le fort, le livrè-
rent enfin au Roi & à la Reine-mère , à laquelle on
peut très-juſtement attribuer tout l'honneur du ſiége.

On dit que la retraite du Roi d'Angleterre fut une
ſuite des engagemens ſecrets que Robert du Bourg,

Miniſtre

Miniſtre de Henri III, avoit pris avec Blanche. Le Duc de Bretagne n'avoit traité que par foibleſſe, & négocia de nouveau avec l'Anglois ; & ſe croyant aſſez fort pour reprendre.les armes, rompit en 1230, & ne réuſſit pas mieux qu'il avoit fait. Le Roi d'Angleterre reparut en Bretagne, & n'empêcha pas le jeune Roi d'y faire des conquêtes, & de reſſerrer ſi étroitement le Duc de Bretagne dans Nantes, qu'il fut obligé de ſe racheter en offrant au Roi l'hommage-lige de ſon duché.

Les Bretons ont prétendu que ce fut dans cette occaſion que le nom de Mauclerc, ou Malhabile, fut donné à Pierre de Bretagne. Mais de toutes les actions de ce Prince, depuis la minorité de Saint Louis, ce fut peut-être la plus ſage. Le Roi avoit fait déclarer le Duc déchu de ſes droits, en faiſant prononcer *ſur la forfaiture.* Et à l'égard de la prétendue nouveauté de l'*hommage - lige* que le Breton rendit au Roi, il eſt aiſé de prouver qu'il n'y avoit rien de nouveau, & que cette ſorte d'hommage étoit la plus ancienne, & peut-être la ſeule qui eût d'abord exiſté, ſur-tout à l'égard des grands fiefs qui avoient fait partie de la Couronne, & qui ayant commencé par être des bénéfices à vie, étoient devenus dans la ſuite

D

biens patrimoniaux & héréditaires fous les règnes foibles des enfans de Charlemagne. Il s'en falloit beaucoup que le Comte de Touloufe s'en fût tiré à auffi bon marché ; & Thibaut de Champagne eût eu à bien plus jufte titre le nom de Mauclerc, que le Breton. La Régente lui avoit des obligations effentielles ; & s'il eût eu l'opiniâtreté du Duc de Bretagne, il eft certain qu'elle ne fe feroit jamais foutenue contre la ligue, malgré toute fa politique. Mais lorfque Blanche eut foumis tous les Grands, ou par la force, ou par les traités, elle ceffa de conferver pour Thibaut les égards qu'elle avoit toujours eus. Il ne pouvoit plus lui fervir ; elle ne voulut pas qu'il pût encore lui nuire. Sous prétexte de faire une action de juftice, elle prit le parti d'Alix de Champagne, Reine de Chypre ; & le Roi, qui venoit de garantir les Etats de Thibaut, à titre de Souverain qui doit fa protection à fon vaffal, lui ordonna de donner, par forme d'indemnité, à Alix fa nièce, 2000 livres de rente affifes fur fes terres, & 40000 marcs d'argent. Les prétentions du Comte de Champagne n'étoient pas dénuées de raifon. Henri II, dit le Jeune, fon oncle, veuf en fecondes noces d'Hermanfette de Namur, avoit époufé en troifièmes noces Ifabeau, Reine de

Chypre, veuve de Conrad , Marquis de Montferrat,
de laquelle il avoit eu deux Princeſſes , Alix , & Philippe de Chypre; mais Iſabeau avoit un premier mari
vivant lors de ſon ſecond mariage avec Conrad de
Montferrat qui l'avoit enlevée, & ce premier mari
(on lui donne le nom de Homfroy de Toron) exiſtoit
encore lorſqu'elle épouſa en troiſièmes noces Henri ,
oncle de Thibaut. Ce mariage, non plus que le ſecond, n'étant pas canoniques, les deux Princeſſes
qui en étoient nées, ne pouvoient paſſer pour légitimes , & Alix , petite-fille d'Iſabeau, repréſentant
Alix ſa mère, étoit ſans droit aux biens de la Maiſon
de Champagne; les circonſtances lui en firent un. On
s'éloigna de la rigueur du droit, parce qu'on affoibliſſoit d'autant une Maiſon qui faiſoit ombrage à celle
de France. La conduite de Blanche , & les meſures
qu'elle prit peuvent être regardées comme un coup
d'Etat de ſa régence. Les ſommes que Thibaut s'engagea de payer , étoient trop conſidérables alors pour
que le Comte pût y ſatisfaire. Le Conſeil de la Régente trouva un moyen ; ce fut d'obliger Thibaut
de vendre au Roi pour une pareille ſomme les comtés
de Blois, de Chartres , de Sancerre , & le vicomté
de Châteaudun. Les troubles élevés par la jalouſie

que les Grands avoient conçue contre Blanche, à
l'occasion de la régence, s'appaisèrent enfin après cinq
ou six années, pendant lesquelles la Reine - mère fit
voir que si elle s'étoit chargée du gouvernement, elle
étoit capable d'en démêler les affaires les plus épi-
neuses. Le Roi n'avoit encore que seize ans : elle employa le calme qu'elle avoit procuré à l'Etat, à lui
former un chef qui réunît toutes les vertus du Chrétien aux qualités d'un grand Roi. Dans le même temps
que Blanche faisoit instruire son fils dans la pratique
de la piété & de la religion par les Moines les plus
éclairés de son temps, elle le faisoit élever dans les
devoirs de la royauté, & dans les affaires, par les
Seigneurs de la fidélité la plus éprouvée, & de l'ex-
périence la plus consommée. Elle savoit par elle-même
qu'il ne suffit pas à un Souverain de lever les mains
au ciel, quand il faut combattre, & que c'est dans
le bien que font les Princes que consiste la vraie piété
que Dieu leur demande. Comme c'est par le pouvoir
de faire du bien qu'ils approchent de la Divinité, plus
ce pouvoir est actif & fécond, & plus la ressemblance
est intime. Elle faisoit prêcher toutes les Fêtes & Di-
manches devant son fils, les hommes les plus savans
qu'elle pouvoit trouver, dit Joinville. Mais de quoi

entretenoient - ils le jeune Prince ? des devoirs d'un grand Roi. Ils lui remontroient continuellement, ajoute l'Hiſtorien, *comment un Prince auquel eſt commiſe la charge & gouvernement d'un peuple, ſe doit maintenir envers ſes ſujets.* C'eſt dans cet eſprit que Blanche lui répétoit ſouvent elle - même, *qu'elle eût mieux aimé le voir mourir, que de lui voir commettre un ſeul péché mortel.* Du côté de l'éducation du Roi ſon fils, il n'eſt donc point d'éloges que Blanche ne mérite.

Cet heureux calme ne fut troublé que par quelques nuages que les rigueurs de l'inquiſition élevèrent en Languedoc & en Provence; & par quelque agitation dans l'Univerſité de Paris, qui étoit alors l'un des Corps de l'Etat le plus conſidérable par la célébrité des maîtres, & le grand nombre des étudians depuis l'âge de quinze ans juſqu'à celui de quarante-cinq.

Dans un tumulte arrivé entre les bourgeois & les écoliers, ces derniers ayant été maltraités, demandèrent juſtice, & prétendirent qu'on ne leur avoit pas accordé celle qui leur étoit due. Pluſieurs ſe retirèrent en Angleterre, à la ſollicitation de Henri III, & du Duc de Bretagne, toujours ennemi ſecret de la Régente. Ils exhalèrent leur mécontentement dans divers écrits, & contre la Régente, & contre le Légat romain son Ministre ; & il subsiste encore des fragmens de ces pièces, où l'on déchire sans ménagement la réputation de Blanche & du Cardinal de Saint-Ange, Légat en France, qui y sont accusés d'un commerce criminel. Anecdote scandaleuse, méprisable, fausse sans doute ; mais qui cependant doit servir d'exemple, & inspirer du ménagement pour des gens auxquels on ne sauroit ôter le moyen de transmettre leurs mécontentemens à la postérité. Il ne faut quelquefois qu'un misérable libelle pour donner atteinte à la réputation la mieux établie. La reconnoissance, ou le chagrin des gens de lettres peuvent faire le sort des Monarques, sur-tout lorsque rien n'existe plus d'eux que les témoignages de l'histoire. Cent Auteurs célèbres qui déposent en faveur d'un Prince, font souvent moins d'impression qu'un Auteur obscur qui en médit. Cela est arrivé à la mémoire de Constantin, & à celle de Justinien, contre lesquels les écrits de Zosime & de Procope ont élevé des soupçons, que tous les éloges ne sauroient dissiper. Je ne prétends pas qu'il en soit de même à l'égard de Blanche, dont la vertu ne sauroit être justement soup-

çonnée, quoique l'on ait débité des amours du Comte
de Champagne, & de ſes liaiſons avec le Légat
romain, & de l'eſprit & de la figure de ce Prélat.
Varillas en fait un portrait digne de ſa plume, & du
ton romaneſque qu'il donne ſouvent à l'hiſtoire, en
diſant : *Qu'il étoit très-bien fait ; que perſonne ne l'éga-
loit en bonne mine ; qu'il avoit de la délicateſſe dans
l'eſprit qui paſſoit pour merveilleux, & qu'on n'avoit
point encore vu en Europe un ſi parfait courtiſan.*

Le terme de la minorité du Roi & de la régence
arriva enfin au mois d'Avril 1235. La Régente voulut
la finir par une action d'éclat, en mariant ſon fils à
une Princeſſe digne de l'alliance de la Maiſon de
France, par ſon mérite, par ſa naiſſance, & par la
réunion d'une des plus belles provinces à la Couronne. Ce fut Marguerite de Provence.

Louis prit le timon des affaires par lui-même ; les
ſoins de ſa mère l'avoient mis en état de ſupporter
le fardeau ; mais cependant Blanche ne s'en déchar-
gea pas entièrement ſur lui. Elle s'étoit accoutumée
au plaiſir de dominer ; ſes ſuccès lui avoient rendu
cette habitude encore plus agréable ; & elle eut
le bonheur de trouver dans le Roi ſon fils, un
jeune Prince pénétré de tendreſſe & de reſpect pour

elle, & trop reconnoiſſant pour la priver du plaiſir de partager ſon autorité avec lui.

La Reine-mère influa donc toujours beaucoup dans les affaires du Gouvernement, & elle conſerva le même aſcendant qu'elle avoit toujours eu ſur ſon fils. La crainte de perdre le pouvoir qu'elle avoit ſur ſon eſprit, alla même juſqu'à la rendre jalouſe de la tendreſſe du Roi pour ſon épouſe, comme nous aurons lieu de le faire voir. Louis ne fut pas long-temps ſans éprouver que la Reine pouvoit encore lui être néceſſaire dans l'adminiſtration de l'Etat. Le Comte de Champagne, qui n'avoit évité en 1230 la vengeance des Princes ligués que par la protection du Roi, & qui, par l'accommodement fait avec Alix de Champagne, Reine de Chypre, avoit vendu au Roi les comtés de Blois, de Chartres, de Sancerre & le vicomté de Châteaudun pour payer Alix, étoit monté en 1234 ſur le trône de Navarre par le décès de Sanche, dit *le Fou*, duquel il étoit l'héritier, du chef de Blanche de Navarre. Il avoit trouvé dans les coffres de ſon prédéceſſeur dix-ſept cents mille livres, ſomme immenſe pour le temps, qui feroit environ ſeize millions de notre monnoie. Avec ces tréſors, il ſe crut moins obligé que jamais à ménager le Roi.

Il

Il prétendit que l'acte qu'il avoit fait avec lui n'étoit
qu'un engagement, & non pas une vente ; & qu'en
reftituant les quarante mille marcs qu'il avoit reçus,
il pouvoit retirer des mains du Roi, Blois, Chartres,
Sancerre & Châteaudun. Il mit donc une armée fur
pied ; & pour engager le Duc de Bretagne dans fes
intérêts, il donna Blanche de Champagne, fa fille
unique, qu'il avoit eue d'Agnès de Beaujeu fa première femme, à Jean, héritier de Bretagne. Mais à
cette levée de bouclier du Roi de Navarre, le Roi
s'étant préparé à marcher en perfonne à la tête de
fes troupes, & à fondre dans la Champagne & dans
la Brie, le Champenois n'ofa pas mefurer fes forces
à celles de fon Souverain. Le Duc de Bretagne en
vint lui-même à un nouveau traité, où il s'engagea
à une parfaite foumiffion envers le Roi *fon très-cher
Seigneur*, & envers *Madame Blanche, Reine de France,
fa mère.* Il joignit à ces engagemens une nouvelle
ceffion du fort de Saint-Jacques de Beuvron, de tout
ce qu'il avoit des dons du Roi dans les comtés du
Maine & d'Anjou, avec Bellefme & la Perriere, &
leurs dépendances. Cet acte fut paffé à Paris en Novembre 1234. Thibaut de fon côté en fit un qui ne
lui fut pas plus favorable que les précédens. Il re-

E

nença folemnellement à toutes prétentions fur les
terres qu'il reconnut avoir vendues au Roi ; céda
Montereau-faut-Yonne & Bray fur Seine pour les frais
de la guerre faits par le Roi ; s'obligea de partir in-
ceffamment pour la Paleftine, comme il s'y étoit
déja engagé quelques années auparavant, & promit
que de fept ans il ne remettroit le pied en France.
« A cette befogne, dit l'Auteur de la grande chro·
» nique citée par Fauchet, étoit la Roine Blanche,
» laquelle dit au Comte qu'il ne devoit point prendre
» les armes contre le Roi fon fils, & fe devoit fou-
» venir qu'il l'étoit allé fecourir jufqu'en fa terre,
» quand les Barons le vindrent guerroyer. Le Comte
» regarda la Roine, qui tant étoit belle & fage ; de
» forte que tout esbahi de fa grande beauté, il lui
» répondit : *Par ma foi, Madame, mon cœur, mon*
» *corps & toute ma terre eft à votre commandement;*
» *ne n'eft riens qui vous pût plaire que ne fiffe volon-*
» *tiers. Jamais, fi Dieu plaît, contre vous ne les voftres*
» *je n'irai* ». En fuppofant ce témoignage véritable,
il n'y a pas de doute que Thibaut ne fût amoureux
de Blanche, & que le traité ne fût autant l'ouvrage
de l'amour, & la fuite de la foibleffe de ce Prince,
que celui de la néceffité & de la politique. La fuite

est encore plus précise, & il en résulte deux consé-
quences ; l'une, que Thibaut étoit amoureux jusqu'à
perdre la raison ; l'autre, qu'il aimoit sans retour,
& que Blanche avoit toujours été fort insensible à sa
passion. « D'illec (continue le chroniqueur) se partit
» tout pensif, & lui venoit souvent en mémoire le
» doux regard de la Roine & sa belle contenance.
» Lors si entroit en son cœur la douceur amoureuse ;
» *mais quand il lui souvenoit qu'elle étoit si haute*
» *Dame, & de si bonne renommée, & de sa bonne*
» *vie & nette, qu'il n'en pourroit ja jouir ; si muoit sa*
» *douce pensée amoureuse en grande tristesse.* Et pour
» ce que profondes pensées engendrent mélancolies,
» il lui fut dit d'aucuns sages hommes qu'il s'estudiast
» en beaux sons, & doux chants d'instrumens ; & si
» fit-il ; car il fit les plus belles chansons, & les plus
» délicates & mélodieuses qui onc furent oyes, en
» chansons, ne en instrumens ; & les fit écrire en sa
» salle à Provins, & en celle de Troyes, & sont
» appellées les chansons du Roi de Navarre ». C'est
ce goût pour la poésie qui l'a fait surnommer le *Chan-
sonnier.* Prétendre, comme l'a fait un moderne, contre
le témoignage de l'histoire, que Thibaut n'ait point
été amoureux de Blanche, & que cette Princesse n'a

E ij

point été l'objet de fa mufe, c'eft abufer & de fon
efprit & de fon érudition ; & c'eft en abufer fans
objet, puifqu'il eft certain qu'il eft fort indifférent
pour la réputation de Blanche de Caftille, fi le Comte
Thibaut en a été réellement amoureux ou non, dès
qu'il eft prouvé qu'elle n'a jamais répondu à fa paffion,
de laquelle elle ne fe fervit, en Princeffe fupérieure
aux préjugés & aux foibleffes de fon fexe, que pour
le bien de fes affaires & de celles de l'Etat. Ce fut
après ce dernier accommodement que Thibaut partit
pour fon expédition de la Terre-Sainte avec les Ducs
de Bourgogne & de Bretagne , & un grand nombre
d'autres Seigneurs. Ils ne réuffirent pas mieux que ceux
qui les avoient précédés dans ces entreprifes, qui n'a-
voient de faint que le nom & l'objet apparent. Avant
que de quitter la Cour, Thibaut y fema fes vers &
fes chanfons , où il paroît tantôt en amant défefpéré,
tantôt en homme indifférent , & qui a pris fon parti,
& quelquefois en amant au comble de fes vœux.
Croire que Blanche n'y eut aucune part , ou qu'elle
eft le feul objet qu'il ait eu en vue, c'eft également
fe tromper. Il compofoit fuivant les difpofitions où
il fe trouvoit ; & fon imagination libre, vive & brillante
dominoit dans fes vers , comme dans les ouvrages de

tous les autres Poëtes. Les plus jolies de ces chanfons font ordinairement celles où il développe
quelque maxime de galanterie qui peut s'appliquer
aux amours de Thibaut comme à ceux de tout autre.
La France jouiffoit des fruits des travaux & des foins
de Blanche. Son fils, par fa fageffe, & avec les con-
feils de fa mère, étoit devenu l'objet de l'amour &
du refpect de fes fujets ; les étrangers même ambi-
tionnoient fon amitié & fa protection. Dans le temps
que Rome follicitoit Louis de fe déclarer contre
l'Empereur Frédéric II, cet Empereur lui remettoit
fes plus chers intérêts entre les mains , & le faint Roi
tenoit la balance droite entre eux, fans adopter la
paffion ni de l'un ni de l'autre. Sa vertu révérée jufqu'au fond de l'orient, avoit arrêté le poignard des
fanglans émiffaires du vieil de la Montagne. Les re-
belles, obligés de céder, trouvoient le pardon à fes
pieds. La France enfin béniffoit unanimement le fils
& la mère , lorfque Louis tomba dangereufement
malade à Pontoife. Les fuites de cette maladie furent
funeftes à la France. Dans l'extrêmité où il fe trouva ,
il fit vœu d'aller en perfonne venger l'honneur des
Saints Lieux , profanés par un débordement d'Infidèles que Dieu envoya des déferts de l'Arabie ou de

a Tartarie, pour punir les Chrétiens parjures que le
Papes avoient foulevés contre la foi des traités & de
fermens, dans le faux fystème que les Chrétiens n'é
toient pas obligés de garder la foi avec des Infidèles
c'eſt-à-dire, qu'un Chrétien pouvoit ceſſer de l'être
Louis guérit : il étoit trop religieux, & j'oſe dire trop
peu éclairé, pour ne pas s'acquitter du vœu qu'il avoi
fait. Quoique ſon abſence dût occaſionner une nouvelle régence, il faut rendre cette juſtice à Blanche
ſa mère, qu'elle s'oppoſa autant qu'il lui fut poſſible
au départ de ſon fils; mais elle y forma d'inutiles
obſtacles. Elle lui remontra en vain que ſa préſence
étoit auſſi néceſſaire à ſes Etats, que ſon abſence leur
étoit préjudiciable ; que les abus & la licence qu'il
étoit difficile de réprimer, renaiſſent facilement. Elle
eût pu y ajouter que Dieu, qui lui avoit confié l'un
des plus beaux Royaumes de l'occident, ne lui avoit
pas donné l'Aſie ni l'Afrique. Il partit au mois de
Juin 1248, & laiſſa la régence de ſes Etats à ſa mère.

Par les lettres-patentes données à Corbeil au mois
de Juin 1248, Blanche eſt établie Régente du Royaume
pendant l'abſence du Roi, *avec un plein pouvoir de
diſpoſer de toutes choſes ; d'inſtituer, ou deſtituer les
Officiers ; de recevoir les hommages des Prélats & des*

Barons, de conférer les dignités & les bénéfices, & de restituer les régales aux Prélats. Le pouvoir absolu dont elle usoit, paroît dans le mandement qu'elle donna le 2 Mai 1249, de faire une nouvelle monnoie qui seroit appellée *Reine d'or*, & sur laquelle devoit être représentée une Reine tenant une couronne.

Louis emmena avec lui la Reine sa femme, ses deux frères Charles & Robert, & un nombre presqu'infini de Seigneurs, & même plusieurs Prélats. La Reine-mère l'accompagna jusqu'à Lyon, où il reçut la bénédiction du Pape Innocent IV, qui ne détourna pas les malheurs qui furent les suites funestes de cette entreprise. De tous les maux subsistans dans l'Etat, malgré les palliatifs qu'on avoit apportés aux uns, & les remedes véritables dont on s'étoit servi pour guérir les autres, les désordres auxquels donnoit lieu l'oppression des peuples sous le joug des ecclésiastiques, étoient les plus frappans. La Régente chercha à les réprimer, & fit un coup de vigueur. En faisant connoître l'étendue du mal, il fera concevoir la fermeté de Blanche. Elle apprit que les Officiers du Chapitre de Paris avoient enfermé dans les prisons de l'Eglise les hommes serfs, qu'ils avoient à Chastenay, pour n'avoir pas payé la taille attachée à leur condition. Une foule de ces malheureux languiſſoit dans les fers du Chapitre, & y manquant du néceſſaire à la vie, étoit en danger de mourir de faim & de miſère. Blanche, touchée de compaſſion aux plaintes qu'elle en reçut, envoya demander qu'à ſa conſidération on voulût bien les relâcher ſans caution. La chronique latine marque même en propres termes que la Reine pria les Chanoines de les faire ſortir de priſon, aſſurant que de ſa part elle s'informeroit de tout, & feroit juſtice. Mais le Chapitre, après avoir répondu inſolemment *que perſonne n'avoit rien à voir ſur ſes ſujets, & qu'il pouvoit les faire mourir ſi bon lui ſembloit,* envoya encore prendre les femmes & les enfans qu'il avoit épargnés, & comme pour les punir de la protection dont ils étoient honorés, on traita ces malheureux de telle ſorte, qu'il en périt quantité, ſoit par la faim, ſoit par l'incommodité de la chaleur qu'ils ſouffroient dans un lieu à peine capable de les contenir. Blanche, indignée d'une action ſi inhumaine, & ſi odieuſe par ſes circonſtances, ſe tranſporta avec main-forte aux priſons du Chapitre, dont elle ordonna qu'on enfonçât les portes ; & comme elle pouvoit craindre qu'on ne lui obéît pas, par l'appréhenſion

des

cenſures eccléſiaſtiques, ſi communes alors, elle y donna le premier coup d'un bâton qu'elle avoit à la main : ce coup fut ſi bien ſecondé, qu'en un inſtant la porte tomba par terre. On vit ſortir une multitude d'hommes, de femmes & d'enfans avec des viſages mourans, pâles & défigurés, leſquels ſe jettant à ſes pieds, la ſupplièrent de les prendre ſous ſa protection, ſi elle ne vouloit pas que la grace qu'elle venoit de leur accorder, ne leur devînt funeſte. Elle le fit en effet, & couronnant un ouvrage ſi bien commencé, fit ſaiſir les revenus du Chapitre, juſqu'à ce qu'il eût rendu ce qu'il devoit à l'autorité dont elle étoit dépoſitaire. Elle l'obligea même d'affranchir ces habitans pour une certaine ſomme par an. Ces affranchiſſemens devinrent depuis fort frée quens, & Blanche en ſollicita pluſieurs. Tandis qu'elle faiſoit reſpecter l'autorité royale au cœur de l'Etat, Louis faiſoit des prodiges de valeur contre les Infidèles. Il gagna ſur eux trois batailles en deux jours. Mais ſon frère Robert périt au premier de ces combats, & faute de prudence, la valeur du Roi, qui s'étoit trop avancé, lui devint funeſte. Il fut enveloppé par le Sultan Melec-Sala, fils de Mélédin; & après que ſon armée eut éprouvé toutes les ex-

F

trêmités de la faim & des maladies qui s'y mirent, elle fut entièrement défaite fur le chemin de Damiette où le Roi vouloit la ramener. Ce Prince fut fait prifonnier avec fes deux frères Alphonfe & Charles. Qu'on juge par-là du nombre des autres prifonniers de nom. Il fallut rendre Damiette, & payer une rançon exhorbitante. Les Hiftoriens du temps difent huit cents mille befans, qu'on évalue à cent mille marcs d'argent, ce qui n'iroit qu'à cinq millions au plus de notre monnoie actuelle (à cinquante livres le marc). La nouvelle de la défaite & de la prifon du Roi & des Princes, accabla la Reine-mère de douleur; elle n'épargna rien pour leur procurer leur liberté, & pour envoyer au Roi les fommes dont il avoit befoin. Dans le trouble où la jettèrent les évènemens fâcheux qu'elle apprenoit chaque jour, elle fit même une faute confidérable, qu'elle n'auroit fans doute pas commife en un autre temps. Mais les maux extrêmes infpirent la crédulité fur les remedes. Un Moine apoftat publia qu'l avoit eu une miffion particulière de Dieu, qui lui avoit donné ordre d'aller délivrer le Roi & fes frères. Pour exécuter cet ordre du ciel, Maître Hongrie (c'étoit le nom de ce prétendu envoyé) fe mit à raffembler les bergers, les paftres &

les payſans par toute la France. On nomma ces nou-
veaux Croiſés *les Paſtoureaux*. Blanche eut la foibleſſe
de croire que ce ramas de troupes ſans chef, ſans
ordre, & ſans diſcipline, pouvoit en effet contribuer
au rétabliſſement des affaires en Terre Sainte. Ainſi
au lieu de s'oppoſer vigoureuſement à l'attroupement
de ces ſcélérats, dont les moins criminels étoient des
viſionnaires, elle parut y donner une autorité qui
fit dégénérer leurs aſſemblées en un brigandage horrible. Le vol, le pillage, le meurtre, l'incendie en
furent les ſuites; & il fallut enfin convenir, de la part
de la Régente, de la faute qu'elle avoit faite, & pour-
voir à l'anéantiſſement de ces prétendus libérateurs.
Elle le fit; & les Paſtoureaux furent pourſuivis avec
tant de ſoin, qu'il n'en reſta pas un ſeul. La Reine
répara ſa faute autant qu'il lui fut poſſible par l'aveu
public qu'elle en fit. On convient plus aiſément qu'on
a épargné un coupable, que l'on ne tombe d'accord
d'avoir voulu perdre un innocent. Le tempérament
de la Régente s'affoibliſſoit tous les jours. Elle fut
attaquée d'une fièvre lente qui la conſumoit, & que
ſes chagrins rendirent incurable. Louis, dont la conſtance étoit inébranlable dans les plus grandes adver-
ſités, lui avoit fait ſavoir qu'il ne pouvoit ſe réſoudre

à abandonner les Chrétiens de la Paleſtine à la per-
fidie des Infidèles, qui ne manqueroient pas de rompre
la trève qu'il avoit faite avec eux , dès qu'il feroit
parti. Cependant ſes Etats avoient plus beſoin de ſa
préſence que la Terre-Sainte, de laquelle Dieu ne
l'avoit pas fait maître. Après d'inutiles remontrances,
la Reine mère ſuccomba à la fièvre qui la minoit depuis
trois mois , & mourut le premier Décembre 1252 ,
âgée de foixante-quatre ans. Sa mort fut un évène-
ment funeſte pour la France, & dans la ſituation où
étoient les choſes , elle dut être , & fut effective-
ment très regrettée. Blanche , auſſi-bien qu'Auguſte,
eſt une preuve que l'on voit moins de roſes que d'é-
pines auprès du trône. De quelle conſtance n'eut-elle
pas beſoin à la mort de ſon mari qu'elle perdit à
la fleur de ſon âge. Sans doute elle l'aimoit , &
elle en étoit adorée. Comment ne ſuccomba-t-elle
pas aux travaux de la régence la plus difficile, &
aux inquiétudes que lui donna la ligue des Grands?
Put-elle être infenſible aux affreuſes calomnies dont
ſa vie fut noircie ? La jeuneſſe de Louis, d'un tempérament très-délicat, fut pour elle un objet conti-
nuel d'attentions & de craintes. Les voyages, les travaux, la captivité du Roi, les ſuites de la croiſade,

mort du Comte d'Artois, victime de sa témérité,
la résolution du Roi de ne pas repasser en France,
sans avoir rétabli les affaires de la Palestine, tant de
revers multipliés, lui firent payer bien cher le plaisir
de régner. En goûra-t-elle du plaisir, au milieu de
tant de malheurs ? Ferme dans le cours d'une vie
empoisonnée par le fiel de tant d'ennuis & d'inquiétudes, Blanche mérite le titre de *la plus grande de
nos Reines;* mais celui d'*heureuse* ne lui est pas dû.
Ce sont les réflexions que fait sur sa mort Mathieu
Paris, que je n'ai fait que copier. Saint Louis fut extrêmement sensible à la mort de sa mère; on peut
dire qu'en cette occasion il parla en Saint, & agit
en Chrétien. Le Légat du Pape en Terre-Sainte la
lui ayant apprise : « Je vous rends graces, ô mon
» Dieu, dit le Roi en se jettant à genoux, de ce
» qu'il vous a plu me prêter jusqu'à présent la Reine,
» Madame ma mère. Je l'aimois plus que toutes choses
» au monde, & elle le méritoit bien. Mais vous me
» l'avez ôtée. Votre saint nom soit béni ». La ten-
dresse de la mère répondoit à celle du fils, & ces
deux belles ames étoient faites l'une pour l'autre.
On prétend que Blanche avoit alaité elle même Louis;
& un moderne nous rapporte à cet égard une anec-

dote trop intéreſſante, pour la paſſer ſous ſilence
elle ne corrigera pas nos mœurs, mais elle les con-
damnera. La Reine étant, dit-il, un jour dans l'ar-
deur d'un accès de fièvre qui dura long-temps, une
Dame de qualité qui, ſuivant l'uſage, pour plaire à
Blanche, ou pour imiter ſon exemple, nourriſſoit
auſſi ſon fils, donna la mammelle au petit Prince.
La Reine, au ſortir de ſon accès, demanda ſon fils,
& lui préſenta le ſein; mais étant raſſaſié, il n'en voulut point. Blanche en ſoupçonna la cauſe, & demanda qui avoit donné à téter à ſon fils. La Dame
qui lui avoit rendu ce petit office, s'étant nommée,
la Reine, au lieu de l'en remercier, la regarda avec
dédain, mit ſon doigt dans la bouche de l'enfant,
& lui fit rejetter le lait qu'il avoit pris. Comme cette
action, un peu violente, étonnoit ceux qui y étoient
préſens : « Eh quoi; leur dit-elle, prétendez-vous que
» je ſouffre qu'on m'ôte la qualité de mère que m'a
» donnée la Nature ? » Tant on étoit alors perſuadé
que la qualité de nourrice étoit unie à celle de
mère.

Tout ayant ſi puiſſamment contribué à affermir dans
le cœur du Roi, l'amour & la reconnoiſſance pour
ſa mère, il ne faut plus s'étonner de la complaiſance

& du refpeċt qu'il eut toujours pour elle. Elle avoit
fait bâtir l'Abbaye de Maubuiſſon , près Pon-
toiſe , en 1236. Le dortoir , le réfeċtoire , & les autres lieux réguliers ayant été achevés en 1241, elle
fit dreſſer une chartre , dans laquelle elle déclaroit
qu'elle avoit bâti ce monaſtère pour en former une
Abbaye de fille de l'Ordre de Cîteaux , à l'intention
de faire prier Dieu pour Alphonſe , Roi de Caſtille ,
ſon père , Eléonor d'Angleterre ſa mère , & le Roi
Louis VIII ſon mari. Cinq ou ſix jours avant ſa mort ,
elle prit l'habit de l'Ordre de Cîteaux , & fit des vœux
entre les mains de l'Abbeſſe de Maubuiſſon qu'elle
envoya chercher. C'étoit la dévotion du temps ,
auſſi-bien que de ſe faire aggréger au tiers-ordre de
Saint - François ; ce qu'elle avoit fait avec ſon fils
Saint Louis. La Reine Blanche fut inhumée en cette
même Abbaye avec beaucoup de pompe , ſon corps
y ayant été porté ſur les épaules des principaux Sei-
gn urs de la Cour , aſſis ſur un trône d'or , le viſage
découvert , revêtu de ſes ornemens royaux par-deſſus
l'habit de religieuſe qu'elle avoit pris. Ma méthode
n'eſt pas de parler des miracles ou des apparitions ,
ni des autres preuves de ſainteté qu'on attribue à
quelques-unes de nos Reines. Ceux qui voudront ſa-

tisfaire leur piété, trouveront ces récits ailleurs. Une preuve qu'elle prit l'habit de religieuse & fit profession, se tire non - seulement des écrits de Mathieu Paris qui vivoit alors, mais encore de l'épitaphe qu'on lit sur son tombeau. Il est placé au milieu du chœur de l'Abbaye de Maubuisson, avec sa figure en cuivre accompagnée de huit vers latins rimés, & qui dûrent passer pour un chef-d'œuvre dans le temps où ils ont été faits. Vouloir que Blanche ait été sans défauts, c'est prétendre la soustraire au fort de l'humanité, qui assujettit les Rois & les Princes, comme les autres hommes, même les plus parfaits, à quelque imperfection. Blanche, avec moins de hauteur & de fierté, eût peut-être eu moins de discussions avec les Grands, & une régence plus tranquille, pendant la minorité de son fils. Le crédit & la faveur du Cardinal de Saint-Ange alla sans doute aussi trop loin : & je serois tenté de croire que si ce Prélat eût été moins puissant à la Cour, la ligue des Princes eût été moins opiniâtre, & les Ecclésiastiques moins entreprenans. On voit par l'exemple du Chapitre de Notre-Dame de Paris, jusqu'où ils poussoient leurs prétentions ; elles n'alloient pas moins qu'au droit de vie & de mort sur leurs vassaux serfs, & à l'indépendance.

Son

Son ambition & la paſſion de dominer lui fit avoir avec
la Reine, épouſe de Saint Louis, des manières dures
qu'on ne ſauroit excuſer, & avec ſon fils une conduite impérieuſe que tout autre Prince n'eût pas aiſément ſupportée. Enfin, quoique tout prouve qu'elle
n'ait jamais donné lieu aux folies amoureuſes du Comte
de Champagne, que pour le bien politique de l'Etat,
elle n'eut peut-être pas aſſez de ſoin d'impoſer ſilence
à l'amour de Thibaut, ſur-tout après l'accuſation
d'avoir empoiſonné Louis VIII, laquelle fut formée
contre lui avec un éclat qui l'en rendit au moins ſuf-
pect. Que cette Princeſſe, pour être plus abſolue dans
ſa première régence, ait fermé les yeux aux premières
impreſſions que le ſexe fit ſur le Roi, c'eſt une im-
putation qu'il faut abſolument rejetter, quoiqu'on en
donne pour preuve le reproche amer que lui en fit
un Religieux. La bonté avec laquelle elle reçut ce
reproche, le ſoin qu'elle prit de s'en juſtifier, font ſon
éloge, & ſuffiſent à ſon apologie. Une Princeſſe coupable eût pris les choſes ſur un autre ton; & ce bruit,
malignement inventé par la ligue, ſe diſſipa trop
promptement pour croire qu'il eût le moindre fon-
dement. La jeuneſſe du Roi, & la corruption des
courtiſans, furent tout ce qui y donna lieu. Les li-

G

gués ne s'imaginoient pas qu'un Prince de dix-neuf ans pût être au-deffus des foibleffes qu'ils lui imputoient; & cette vraifemblance fuffifoit à leurs deffeins. Si Blanche eût été moins belle , quoiqu'elle eût déja eu onze enfans, & qu'elle fût âgée de quarante ans à la mort de fon mari, fa vertu eût été moins attaquée. Sans la régence , il faut croire qu'elle ne l'eût jamais été. Mais que reprocher à une belle femme, d'un génie fupérieur, d'une politique admirable, d'une fermeté à laquelle il faut céder, finon quelques foibleffes du côté du cœur & de la galanterie ? De pareils bruits fe faififfent avidement : les intéreffés les appuient; les indifférens ne fe mettent pas en peine de les détruire ; la vertu feule en gémit, & ne les croit pas. Joinville, qui devoit être bien inftruit, n'eft entré dans aucun détail fur les médifances que les ligués firent courir contre la Reine-mère ; & Mathieu Paris, qui s'explique fort amplement à cet égard, déclare formellement qu'on ne doit y ajouter aucune foi, parce que ces mauvais bruits étoient répandus par fes ennemis. Il en parle même comme d'une Princeffe accomplie, & du falut de laquelle il ne paroît pas douter.

Blanche eut onze enfans de Louis VIII, neuf

Princes & deux Princesses. Les Princes furent : 1. Philippe, né le 9 Septembre 1209, & mort en 1218, étant déja accordé avec Agnès, héritière de Douzi ; 2. Saint Louis, Roi de France, tige de nos Rois ; 3. Robert, tige des Comtes d'Artois, tué à la Massoure, le 9 Février 1250 ; 4. Philippe, mort jeune ; 5. Jean, accordé à Yolande de Bretagne, mort avant que d'avoir accompli ce mariage ; 6. Alphonse, Comte de Poitiers, né le 11 Novembre 1220, mort au retour d'Afrique le 21 Août 1271, sans postérité de Jeanne, Comtesse de Toulouse, fille de Raymond, huitième du nom ; 7, Philippe, surnommé *Dagobert*, né en 1221, mort jeune ; 8. Etienne, baptisé en 1225, mort jeune ; 9. Charles, tige des Comtes d'Anjou, & Rois de Naples, mort en Janvier 1285 (nouveau style). Les deux Princesses. 10. N.... née en 1205, morte jeune ; 11. Isabelle, fondatrice de Longchamp, où elle mourut en odeur de sainteté, le 23 Février 1269, âgée de cinquante-cinq ans.

FIN.

A V I S.

Nous aurions donné notre premiere Livraison à l'époque
annoncée par notre Prospectus ; mais ce qui nous a retardé,
c'est le desir de joindre à la Gravure de Marie-Thérèse
celle de notre auguste Reine, que nous donnerons à MM. nos
Souscripteurs lors de la deuxième Livraison, ainsi que celle
de Madame la Marquise du Chatelet ; sujet du second
Numéro.